UNE FAMILLE MILITAIRE DE MÉZIÈRES

AU XVIIIᵉ SIÈCLE

Notice

SUR

LA FAMILLE DE TAURINES

[Extrait de la *Revue historique ardennaise*, livraison
de Novembre-Décembre 1898.]

PARIS

LIBRAIRIE ALPHONSE PICARD ET FILS

82, RUE BONAPARTE, 82

1898

NOTICE

SUR

LA FAMILLE DE TAURINES

UNE FAMILLE MILITAIRE DE MÉZIÈRES

AU XVIIIᵉ SIÈCLE

NOTICE SUR LA FAMILLE DE TAURINES

La famille de Taurines est originaire du Languedoc. L'*Histoire générale du Languedoc* (1) fait mention de Pierre de Taurines, lieutenant de la compagnie du comte de Tende, gouverneur d'Antibes en 1535.,

D'Hozier indique les alliances de cette famille avec celles de Malvin de Montazet, de Calvet de Noges, de Garrigues Ladevèze, Gilly, Barneti, de Raimondis.

Lors de la vérification de la noblesse ordonnée par Louis XIV, un jugement du 27 janvier 1670, rendu par M. de Bezons, intendant du Languedoc, confirme dans leur état et possession de noblesse, Pierre de Taurines de Micèles, et Claude de Taurines son frère.

Le premier membre de cette famille qui vint se fixer en Champagne est :

I. — *Bertrand de Taurines*, écuyer, sieur de Laval, porte-étendard des Chevau-légers de la Maison du Roi, chevalier de Sᵗ-Louis. Né en 1657.

D'abord lieutenant au château de la Bastille, il épouse en 1694 à Paris, en la paroisse Sᵗ-Paul, *Marie-Anne de Berquen* (2), née en 1670, fille de Robert de Berquen, directeur de la fonderie royale de canons à Brisach, et de Marie-Anne Auquier.

Bertrand de Taurines était, en 1704, aide-major de brigade des Chevau-légers. C'est pendant la guerre de la

---

(1) *Histoire générale du Languedoc*, par DD. Claude de Vic et Joseph Vaissette, bénédictins. Paris, 1730 et années suivantes, 5 vol. in-f°. — Les armes de la famille de Taurines sont : *d'azur à un taureau d'or*.

(2) Armes de la famille de Berquen : *Gironné d'argent et de gueules de 8 pièces ; timbré d'une couronne de comte*.

Succession d'Espagne, commencée en 1701, durant laquelle les Chevau-légers firent partie de l'armée de Flandre et prirent part aux batailles de Ramillies (1705), Oudenarde (1708), et Malplaquet (11 septembre 1709), que Bertrand de Taurines devint porte-étendard des Chevau-légers et qu'il fut fait chevalier de St-Louis. Une note de famille dit qu'il prêta serment entre les mains du roi en 1708.

Les porte-étendard des Chevau-légers étaient au nombre de quatre, avec rang de capitaines de cavalerie. Le roi étant capitaine de toutes les Compagnies des troupes de sa Maison, conservait leurs étendards dans sa chambre. Les porte-étendard allaient eux-mêmes les prendre dans la ruelle du lit du roi et les y reporter. On lit à ce propos dans l'*Histoire de la milice française* du P. Daniel : « M. le duc de Chaulnes, aujourd'hui capitaine-lieutenant des Chevau-légers et qui est d'une extrême exactitude pour ce qui regarde l'honneur et le bon ordre de ce corps, a ordonné aux officiers qui portent les étendards chez le roi à la fin de son dîner, de les poser eux-mêmes à côté du lit de Sa Majesté, sans les remettre à personne et sans permettre qu'on les prenne de leurs mains à l'entrée de la chambre du roi (1). »

Voici, suivant le même auteur, la forme, couleur et devise de l'étendard des Chevau-légers : « L'étendard des Chevau-légers est carré, d'environ un pied et demi en long et en large ; il est de soie rouge, brodé d'or et d'argent. Au milieu est un cartouche octogone, où est la devise de la Compagnie qui est un foudre. L'âme de la devise est composée de ces paroles latines : *Censere gigantes*, ce qui fait allusion à la fable de Jupiter qui foudroya les géants lorsqu'ils voulurent escalader le ciel, et ce qui signifie que les Chevau-légers sont en la main du roi comme la foudre entre les mains de Jupiter pour exterminer les plus fiers ennemis (2). »

Depuis sa création, qui datait de Henri IV, la Compagnie des Chevau-légers n'avait jamais eu ni étendards ni tim-

---

(1) *Histoire de la milice française*, par le R. P. Daniel. Paris, 1728 ; 2 vol. in-4°, tome II, p. 199.

(2) *Ibidem*, p. 207, tome II.

bales pris par l'ennemi ; aussi, comme marque toute particulière d'honneur, Louis XIV avait-il coutume de l'appeler « sa pucelle ».

Les capitaines-lieutenants, choisis parmi les noms les plus illustres de la noblesse française, étaient toujours des officiers généraux, qui déléguaient eux-mêmes le commandement effectif au plus ancien sous-lieutenant. Le duc de Chaulnes, dont il a été question plus haut, occupa la charge de capitaine-lieutenant des Chevau-légers, de 1704 à 1721. C'est le cinquième membre de cette famille qui en ait été pourvu.

La paix ayant été conclue en 1713, il y eut une réforme générale des troupes. Bertrand de Taurines figure, à partir de cette date, parmi les officiers retraités de la Compagnie des Chevau-légers (1). Il avait acquis, en 1711, du duc de Coislin, évêque de Metz, seigneur engagiste du domaine de Crécy-en-Brie, suivant contrat du 2 janvier passé devant Robert Gasté, receveur du domaine de Crécy, les domaines dits *la Boissarderie* et *la Cocheriotte*, situés paroisse de Hautefeuille, diocèse de Meaux. C'est là qu'il vint se fixer après la paix.

C'est là aussi que, le 24 juillet 1734, mourut dame Marie-Anne de Berquen, sa femme, âgée d'environ 64 ans. Elle fut inhumée dans le chœur de l'église (2).

Bertrand de Taurines mourut lui-même, sur son domaine de Hautefeuille, le 13 janvier 1741. Voici son acte de décès :

Ce quatorzième jour de janvier mil sept cens quarante et un, a été inhumé dans le chœur de cette église par nous curé soussigné, le corps de Messire Bertrand de Taurines, écuyer, sieur de Laval, chevalier de l'ordre royal militaire de S¹ Louis, ancien porte étendard des Chevaux-légers de la garde ordinaire du Roy, décédé du jour d'hier en sa terre de cette paroisse d'Hautefeuille, agé de quatre vingt quatre ans ou environ. Ladite inhumation faite en présence du Révérend Père Jean d'Aspineval, relligieux bénédictin du couvent de la Celle en Brie, de Mes-

(1) *Archives nationales*, Z 1ᵃ 504.

(2) Deux neveux d'Anne de Berquen et de Bertrand de Taurines : Antoine-Michel de Berquen et François-Joseph-Noël de Berquen furent successivement prévôts généraux de la maréchaussée d'Alsace sous Louis XV.

sire Pierre de Bordeaux, prêtre vicaire de Guérard, et de Messire François du Rivet de Rouville, écuyer, mousquetaire du Roy, de la paroisse de Guérard, amy dudit deffunct ; Charles Bertrand de Taurines, écuyer, sieur de Laval, chevalier de l'ordre royal militaire St Louis, mousquetaire de la garde ordinaire du Roy, dans la première compagnie ; Louis François de Taurines, écuyer, sieur de Gourvielle, commissaire ordinaire de l'artillerie, fils dudit deffunct ; Monsieur des Bergeries, écuyer, de la paroisse de Pezarches ; de Monsieur de Chevigny, écuyer, chevalier de l'ordre militaire de St Louis, de la paroisse de Guérard ; de Jean Phillebert Olier, écuyer, mousquetaire de Sa Majesté, paroisse de Touquin ; de Gilles Billon, chevalier de l'ordre militaire St Louis, paroisse de Lumigny, tous amis dudit deffunct, qui ont signés avec nous. Suivent les signatures (1).

De son mariage avec Marie-Anne de Berquen, Bertrand de Taurines eut deux enfants :

1° *Charles-Bertrand de Taurines*, écuyer, sieur de Laval, sous-brigadier de la 1re compagnie des Mousquetaires du roi, capitaine de cavalerie, chevalier de St-Louis.

Voici la lettre par laquelle le comte de Jumilhac, capitaine-lieutenant de la 1re compagnie des Mousquetaires, lui annonce sa promotion au rang de capitaine de cavalerie :

Paris, ce 12 juin 1751.

En faveur de vos services, Monsieur, le roi vous a accordé hier à mon travail la commission de capitaine de cavalerie. Je suis charmé de vous apprendre cette nouvelle, étant très parfaitement, Monsieur, votre très humble et très obéissant serviteur. Signé : Jumilhac.

Il fit, avec la compagnie des mousquetaires, les campagnes de la guerre de la succession d'Autriche et mourut à Paris le 10 mai 1753, à l'hôtel de la 1re compagnie des mousquetaires (dits les *mousquetaires gris*, à cause de la robe de leurs chevaux), situé rue du Bac, n° 13. Il ne s'était pas marié.

2° *Louis-François de Taurines*, qui suit, écuyer, sieur de Gourville, lieutenant-colonel au corps royal d'artillerie, chevalier de St-Louis.

(1) Cet acte se trouve encore aux archives de la commune d'Hautefeuille.

II. — *Louis-François de Taurines*, né à Paris, rue des Tournelles, paroisse Saint-Paul, le 18 janvier 1704, eut pour parrain Pierre-François Eudel, trésorier des troupes du roi, demeurant rue Ste-Croix de la Bretonnerie, paroisse de St-Jean-en-Grève, et pour marraine demoiselle Louise de Berquen, sa tante, demeurant même rue, qui fut mariée plus tard à M. de Paris, seigneur de la Sauverie.

Louis-François de Taurines entra dans le corps de l'artillerie comme Aide du Parc.

La dénomination des grades dans l'artillerie et l'organisation de cette arme étaient très différentes alors de ce qu'elles sont aujourd'hui. Voici quelle était la hiérarchie :

Aide du Parc ; officier pointeur ; commissaire extraordinaire ; commissaire ordinaire ; commissaire provincial ; lieutenant provincial du grand-maître de l'artillerie ; lieutenant-général du grand-maître ; et, tout au sommet, le *Grand-Maître, capitaine général de l'artillerie de France,* qui en a la surintendance et administration, « tant deçà que delà les monts et les mers, dedans et dehors le royaume, pays et terres étant sous l'obéissance et la protection de Sa Majesté » (1).

Pendant la campagne, on mettait sur pied autant d'équipages d'artillerie qu'il y avait d'armées. L'équipage d'artillerie d'une armée était commandé par un lieutenant du Grand-Maître de l'artillerie. Il était divisé en brigades commandées chacune par un commissaire provincial ou par le plus ancien commissaire ordinaire, ayant eux-mêmes sous leurs ordres plusieurs commissaires ordinaires et extraordinaires, officiers pointeurs, etc.

Chaque brigade comprenait ordinairement dix canons, plus des châriots de bagages, d'outils et de munitions. Le nombre de canons d'une brigade commandée par un Commissaire provincial pouvait, dans certaines circonstances, être beaucoup plus considérable ; on verra plus loin qu'il pouvait s'élever jusqu'à vingt (2).

Louis-François de Taurines devint officier pointeur à 18 ans, le 22 mai 1722, puis commissaire extraordinaire

---

(1) SURIREY DE ST-REMY, *Mémoires d'artillerie*, 2 vol. in-4e, Amsterdam, 1702, tome I, p. 6.
(2) V. ci-dessous la notice sur les services d'André Hamelin de la Bodinière.

le 31 août 1727, commissaire ordinaire le... (les états de service n'indiquent pas de date).

En l'année 1733, la guerre ayant éclaté à propos de la vacance du trône de Pologne, Louis-François de Taurines fit partie de l'armée envoyée sur le Rhin sous les ordres du maréchal de Berwick. Il prit part en 1734 au siège de Philippsbourg (mai-juillet), durant lequel le vieux et glorieux maréchal eut la tête emportée par un boulet (1), et fut remplacé dans le commandement par le maréchal d'Asfeld (2). La paix est rétablie l'année suivante par le traité de Vienne (1735), qui donna la Lorraine à la France.

La guerre éclate à nouveau en 1741 à propos de la succession d'Autriche. Louis-François de Taurines est envoyé en Bavière et y fait la campagne de 1742. Durant cette campagne, le 17 avril, il est promu au grade de Commissaire provincial. Il reste en Bavière durant la campagne de 1743. L'année suivante (1744), il fait campagne sur le Rhin et sur la Moselle.

Il est fait chevalier de St-Louis le 1er février 1745.

Lors du rétablissement de la paix en 1748, il est envoyé à Mézières comme commissaire provincial de l'artillerie. Là, il épouse, le 27 août 1750, *Marie-Anne-Joseph Hamelin de la Bodinière*, fille d'André Hamelin de la Bodinière, chevalier de St-Louis, lieutenant du Grand-Maître de l'artillerie et la commandant au département de Mézières, Sedan et Bouillon, inspecteur de la manufacture d'armes de Charleville, demeurant audit Mézières, et de dame Marie-Anne Le Vasseur.

Les témoins furent : Messire Antoine de St-Hillier, écuyer, chevalier de l'ordre militaire de St-Louis, commissaire provincial à la résidence de Mézières ; messire Nicolas-François-Antoine de Chastillon, chevalier, baron d'Oger, seigneur d'Arreux et autres lieux, chevalier de St-Louis, commandant l'École du génie de Mézières ; Théo-

---

(1) V. Mémoires de Berwick, 2 vol. in-12. Paris, 1778, t. II, p. 372.

(2) C'est le maréchal d'Asfeld qui, ayant acheté du comte d'Avaux, en 1728, la terre d'Ecry ou d'Avaux-la-Ville, lui donna le nom d'Asfeld, aujourd'hui chef-lieu de canton des Ardennes. Le maréchal, dont le nom patronymique était Claude-François Bidal, avait reçu le nom d'Asfeld par lettres d'anoblissement du roi de Suède, au service duquel il avait été, ainsi que son père. (H. Martin, XV, p. 192, et H. Jadart, *Claude-François Bidal, marquis d'Asfeld, maréchal de France*).

dore Le Vasseur, oncle maternel de l'épouse, demeurant à Charleville ; François-Nicolas Collot, licencié ès-lois, cousin germain de l'épouse, et plusieurs autres.

L'année suivante (1er juillet 1751), Louis-François de Taurines fut promu lieutenant du Grand-Maître de l'artillerie, avec rang de lieutenant-colonel, et remplaça son beau-père, M. de la Bodinière, dans son commandement et dans la direction de la manufacture d'armes de Charleville.

Voici quelques notes sur les services d'André Hamelin de la Bodinière, qui se trouvent dans les papiers de la famille :

M. de la Bodinière (1) est entré dans le corps de l'artillerie dès l'année 1705, et il a toujours servi sans discontinuation depuis ce tems.

Il s'est trouvé en qualité d'aide du parc en 1706 aux sièges d'Hagueneau et de Drusenheim. Il a été emploié en qualité de commissaire extraordinaire en 1712 à la deffense des lignes de la Loutre (Lauter) ; il y a essuié pendant cinq jours la canonade des ennemis aiant tout ce tems été de service sur la ligne.

En 1713, le corps d'artillerie aiant extrêmement souffert au siège de Landau, et le nombre des officiers de ce corps qui y étoient emploiés étant beaucoup diminué par la quantité de morts et de blessés, M. de la Bodinière a monté vingt-deux tranchées à ce siège.

En 1715, toujours en qualité de Commissaire extraordinaire, il a été de l'expédition de Mayorque et s'est trouvé à la prise des villes d'Alcudia (Alcuida) et de Palma.

En 1719, il a fait la campagne d'Espagne, et a servi aux sièges de Fontarabie, St-Sébastien et Castel-Ciouta.

En 1721, M. de la Bodinière a été fait commissaire ordinaire, et commissaire provincial en 1732.

---

(1) Né à Paris, paroisse de St-Eustache. Il avait épousé à Neufchâteau (Luxembourg), le 22 mai 1716, Marie-Anne Le Vasseur, fille de Guillaume Le Vasseur, de Sedan, et de Anne Mourmanne, dont le frère était prévôt de Neufchâteau.

Les armes de la famille Le Vasseur sont : *De gueules à un mouton d'argent passant sur une terrasse de sinople.* (Armorial de l'Election de Rethel.)

M. de la Bodinière fut témoin, en décembre 1747, du testament de Robert de Villelongue, comte de La Cerda, officier général au service de la Suède, testament reçu par Remy et Leroux, notaires à Mézières. Le comte de La Cerda mort accidentellement à Mézières, où il était venu voir sa famille, fut un des capitaines les plus fameux de Charles XII. Voltaire a longuement conté ses exploits et ses aventures dans son *Histoire de Charles XII.*

★

En 1734, il a été nommé par la Cour pour commander une brigade d'officiers du corps qui avoient été choisis pour la deffense de Dantzic. En conséquence des ordres qu'il reçut, il se rendit à Calais, où les vents contraires et les événements ont empêché l'embarquement (1).

En 1735, il a fait la campagne sur le Rhin, et par une préférence qui marque la confiance, quoiqu'il ne fut que le sous-brigadier de l'équipage, il fut choisi par M. de Valliore pour en comander un de 20 pièces de canon, sur le haut et bas Rhin : commission dont il s'est acquité à la satisfaction de Mʳˢ les officiers généraux, puisque les ennemis s'étant présentés pour bombarder un magazin à poudre établi dans les remises de M. de Schomborn, à Spire, il s'y est porté avec tant de vivacité qu'il a forcé, par son grand feu, l'ennemi d'abandoner ce projet (2).

En 1741, M. de la Bodinière a été fait lieutenant du Grand-Maître de l'artillerie, et a servi en cette qualité en Flandres pendant la campagne de 1742.

Depuis ce tems, il a demandé avec instance d'être emploié dans les armées sans avoir pu y parvenir, ce qui a empêché qu'il ne soit parvenu au grade de brigadier, dont plusieurs de ses cadets ont l'honneur d'être décorés.

M. de la Bodinière avoit l'honneur d'être connu particulièrement de feu Mgr le duc du Maine, qui, par une distinction singulière, a voulu qu'il fut emploié toute l'année dès 1728, quoiqu'il ne fut que commissaire ordinaire, et il a toujours été continué depuis ce tems. Et S. A. S. étoit si bien disposée en sa faveur qu'en 1734 elle demanda avec instance une pension pour lui, laquelle cependant, par ces circonstances, ne put avoir lieu (3).

Louis-François de Taurines, ayant perdu son frère aîné, sous-brigadier de la 1ʳᵉ compagnie des Mousquetaires et chevalier de Sᵗ-Louis, le 10 mai 1753, hérita de lui des terres de la Boissarderie et de la Cocheriotte, en Brie. L'année suivante (1754), par contrat du 12 juin passé devant Cordelier, notaire royal à Faremoutier, il revendit ces

---

(1) Le cardinal Fleury, alors premier ministre, montra une déplorable négligence à faire partir ces renforts, destinés à secourir Stanislas Leczinsky, assiégé dans Dantzig par l'armée russe. C'est alors que le comte de Plelo, ambassadeur français en Danemark, prit sur lui de partir sans ordres au secours du père de la reine de France, et par sa mort héroïque sauva du moins l'honneur du nom français et excita l'admiration des Russes.

(2) En 1739, il commande l'artillerie à Sarrelouis.

(3) M. de la Bodinière mourut à Mézières le 10 mai 1752.

propriétés à Helvétius, le célèbre philosophe qui, comme fermier général, avait amassé une immense fortune et venait de quitter les finances pour se donner tout entier aux lettres, conservant le titre honorifique de *Maître d'hôtel de la Reine.*

Outre la terre de Voré, dans le Perche, où il résidait ordinairement l'été, Helvétius possédait encore, en Brie, celle de Lumigny, qu'il visitait plus rarement. C'est comme accessoire de cette dernière terre qu'il se rendit acquéreur de la Boissarderie et de la Cocheriotte.

Mais une difficulté surgit : le domaine de Crécy, sur lequel se trouvaient les terres de la Boissarderie et de la Cocheriotte, faisait partie du domaine de la Couronne. Ce domaine étant inaliénable, « les actes par lequel le roi en cède quelques parties, dit un jurisconsulte du temps, ne sont considérés que comme des *engagements*, avec faculté de rachat. L'*engagiste* peut, pendant sa jouissance, sous-inféoder ou donner à cens ou rente quelque portion du domaine qu'il tient par engagement (1). »

C'est par un contrat de ce genre que Bertrand de Taurines avait acquis, en 1711, du duc de Coislin, seigneur engagiste de Crécy, les deux terres dont il est question. Le domaine de Crécy avait passé depuis lors entre les mains de deux autres seigneurs engagistes : le duc de Béthune-Charost, puis M. Ménage de Mondésir. Ce dernier prétendit que le contrat intervenu avec Helvétius ne devait pas avoir son effet, M. de Taurines, père du vendeur, ayant, suivant lui, reconnu au précédent seigneur engagiste, le duc de Charost, que la sous-inféodation du bien qu'il tenait de lui ne vaudrait que pour lui-même et ses enfants et cesserait à leur mort.

Sur cette opposition, Helvétius écrivit à M. de Taurines la lettre suivante :

A Voré, près Regmalard au Perche, le 17 juillet 1754.

Je suis dans ce pays cy, Monsieur, depuis trois semaines, et je n'ay pu voir M. Ménage avant mon départ de Paris parce qu'il

(1) GUYOT, *Répertoire de jurisprudence.*

étoit à la Chapelle (1). M. Guérin, qui est resté à Paris et qui est arrivé depuis deux jours, m'a dit qu'il avoit vu M. Ménage, lequel lui a fait voir un acte du 28 septembre 1728 devant Bertin, notaire royal à Crécy, par lequel M^r votre père a consenti qu'après son decedz et celui de ses enfants, le bien qu'il tenoit à nouveau cens du seigneur engagiste d'alors du domaine de Crécy, rentreroit audit domaine.

A mon retour l'hyver prochain à Paris, je travaillerai auprès de l'Intendant des finances qui a le département des domaines engagés pour obtenir un arrêt qui abroge l'acte en question et qui me maintienne dans la possession des héritages qu'il concerne ; mais on m'a dit que je ne pourrois y parvenir qu'en augmentant la redevance de 42 livres. Si cela est, il sera juste, Monsieur, que vous m'indemnisiés de cette augmentation. Et si enfin je ne puis pas réussir à me faire maintenir dans cette portion d'héritage, il faudra que vous la reprenniés et que vous me fassiés raison de l'indemnité dont nous sommes convenus. C'est pourquoy, le cas arrivant, je vous prie de ne point négocier mon billet et de le garder dans vos mains jusqu'à l'échéance, parce que, d'icy à ce temps, j'auray un arrêt pour me maintenir dans la possession du bien en question, ou je n'aurai pas espérance de l'obtenir, et dans ce dernier cas, si vous aviés négocié mon billet, il faudroit que j'y fisse honneur et qu'en même temps, pour ma sûreté, je fisse contre vous une procédure dont les frais tomberoient à votre charge. J'ai cru devoir vous prévenir de tout cela afin que nous n'ayons point à nous plaindre l'un de l'autre à l'avenir.

J'ai l'honneur d'estre avec un sincère attachement, Monsieur, votre très humble et très obéissant serviteur : Helvetius.

Saisi de la requête d'Helvétius, le Conseil d'Etat, « ouï le rapport du sieur Moreau de Séchelles, conseiller d'Etat ordinaire, controleur général des finances », rendit, le 26 août 1755, un arrêt maintenant Helvétius dans la possession des biens qui lui avaient été cédés. M. Ménage de Mondésir avait d'ailleurs fini par renoncer à son opposition (2).

(1) La Chapelle-sous-Crécy, en Brie.
(2) On trouve aux Archives de Seine-et-Marne, sous la cote B. 365, le testament de François-Joseph Ménage de Mondésir, conseiller-secrétaire du roi, seigneur de Bressolles, de la Chapelle-sur-Crécy, etc. Il demande dans ce testament que son convoi soit suivi de 20 enfants bleus et de 20 enfants rouges. Il était marié à Elisabeth-Ayence-Reneuse de Parsanat de Bompré, sœur de M⁹ dame de Bosredon.

Helvétius écrivit en conséquence à M. de Taurines :

A Voré, près de Regmalard au Perche,
le 17 septembre 1755.

Monsieur, je viens enfin de recevoir l'expédition de l'arrêt du Conseil que j'ai obtenu et qui m'étoit nécessaire pour posséder à perpétuité les héritages de la Cocheriotte, scis paroisse de Hautefeuille, que vous m'avés vendus. Au moyen de quoy j'acquitterai mon billet que vous avés en vos mains dez que je serai à Paris, et je vous en donnerai avis.

J'ay l'honneur d'estre, très respectueusement, Monsieur, votre très humble et très obéissant serviteur. Helvetius (1).

M. de Taurines fut retraité comme lieutenant-colonel le 1er janvier 1759, avec 3.800 livres de pension. Il obtint, le 11 août 1768, des lettres d'approbation de services constituant la noblesse militaire.

Par un édit donné à Fontainebleau au mois de novembre 1750, le roi avait établi une noblesse militaire qui s'acquérait de droit par les armes. La condition était d'avoir servi trente ans, d'avoir mérité la croix de St-Louis, et d'être fils et petit-fils d'un père et d'un aïeul ayant accompli le même service et obtenu la même distinction. Par une déclaration subséquente du 22 janvier 1752, les officiers qui avaient obtenu ces lettres d'approbation de service pouvaient les déposer pour minutes, ainsi que les autres titres de leurs grades, aux greffes des Cours de Parlement ou à ceux des Chambres des Comptes et Cours des Aides (2).

En récompense de ses services, il fut en outre accordé à M. de Taurines de conserver sa vie durant le logement qu'il occupait à la citadelle de Mézières et qui était destiné au commandant de l'artillerie. Cette faveur lui ayant été contestée en 1777, il en référa au Ministre, et voici la réponse qu'il reçut :

A Versailles, le 20 juillet 1777.

J'ai reçu, Monsieur, la lettre que vous m'avés écritte le 6 de ce mois au sujet du logement que vous occupés à Mézières, et

---

(1) La Boissarderie appartient aujourd'hui à M. Hallier, entrepreneur, gendre de M. Dietz-Monin, ancien sénateur, qui a construit les forts de la Meuse et du Nord-Est.

(2) Voy. Guyot, *Répertoire de jurisprudence*. Paris, 1784, in-4°, XII, p. 79-80.

qui est destiné pour le directeur de l'artillerie ou pour l'officier de ce corps qui peut être envoié en son absence dans cette place. Lorsque j'ai mandé à M. de la Rochevalentin qu'il pouvoit prendre possession de ce logement, j'ignorois que le Roy avoit bien voulu vous en accorder la jouissance pour toute votre vie. C'est une récompense trop bien acquise par l'ancienneté de vos services pour qu'elle vous soit enlevée, et l'intention de Sa Majesté n'est pas que vous éprouviés à cet égard aucune sorte d'inquiétude.

Je suis très parfaitement, Monsieur, votre très humble et très obéissant serviteur : Le Pce de Montbarey (1).

En 1759, M. de Taurines, par contrat du 28 avril, passé par-devant Leroy, notaire à Mézières, avait acquis de Messire Nicolas-Charles de Beaumont, chevalier, seigneur de La Cerleau, Clavy, Warby et autres lieux, demeurant à Charleville, tant en son nom que comme procureur de Messire Antoine de Beaumont de Clavy, et de demoiselle Elisabeth de Beaumont de Clavy, ses frère et sœur, demeurant à Raillicourt, leur terre de Vivier-Aucourt, près Mézières, qui leur venait par succession de M. d'Anisy, et à celui-ci de la famille d'Aguisy (2). Cette vente comprenait un neuvième des droits seigneuriaux de « joinçon » sur les villages de Vivier, Aucourt, Tumécourt et Tendrecourt (3). Les autres portions des mêmes droits appartenaient : à Mme la duchesse de Mazarin pour un tiers ; à M. de Montcy pour un tiers et un neuvième ; et à M. Carlier pour un neuvième.

Le 26 mars 1767, M. de Taurines perdit sa femme, née Hamelin de la Bodinière, qui mourut en son domicile de la citadelle de Mézières. Un conseil de famille fut réuni

(1) Marie-Éléonor-Alexandre de St-Mauris, d'abord comte de Montbarey, puis prince du Saint-Empire en 1771. Directeur de la guerre en 1776, secrétaire d'État en survivance et adjoint à ce département vers la fin de la même année, enfin ministre de la guerre de septembre 1777 à décembre 1780.

(2) François de Hanocq de Quiry d'Anisy avait épousé Anne d'Aguisy. Ils vivaient en 1698. (Voy. *Armorial de l'Élection de Rethel.*)

(3) Le droit de joinçon consistait « en trois septiers de froment et autant d'avoine que chaque laboureur des dits lieux doit annuellement au jour de St Remy, mesure de Donchery ; pareillement un sol d'argent et deux poules vives dues par chaque bourgeois desdits lieux, en deux termes, moitié à la St Remy et moitié à la Notre-Dame à mars ; par chaque veuve de manouvrier six deniers et une poule, et par chaque charue seize sols quatre deniers à la St Martin d'hiver de chacune année... » — Ce droit appartenait, jusqu'en 1546, à Jean de Suzanne, qui le céda, le 16 août de ladite année, à Nicolas des Ayvelles.

pour pourvoir à la tutelle et curatelle de ses enfants ; il était composé de :

MM. André-Joseph Collot, receveur des deniers communs de la ville de Charleville, cousin issu de germain maternel des mineurs ; de Jacques Bidas; de René Bidas, chevalier de St-Louis, ancien capitaine de grenadiers au régiment de La Marck, demeurant à Charleville, tous deux cousins maternels desdits mineurs ; de messire Louis Casset de Verville, lieutenant en second dans le corps du génie à Mézières, aussi cousin maternel ; de messire Mathieu de Fumeron, chevalier, seigneur de La Berlière, chevalier de St-Louis, ancien capitaine au régiment de la Fère, commissaire ordonnateur au département de la Meuse, demeurant à Mézières ; de Me Joseph d'Argy, doyen curé de Mézières, et de Me Jean-Louis Le Seur du Charnois, vicaire de Mézières, amis desdits mineurs.

Ils dévolurent la tutelle des enfants à M. de Taurines, leur père, et la curatelle à M. de Fumeron.

Louis-François de Taurines mourut à la citadelle de Mézières le 16 avril 1792, âgé de 88 ans. De son mariage avec Marie-Anne-Joseph Hamelin de la Bodinière, il avait eu quatre enfants :

1° *Marie-Charles-Joseph* (1), née le 27 mars 1752. Elle eut pour parrain Charles-Bertrand de Taurines, sous-brigadier des Mousquetaires, son oncle, et Madame de la Bodinière, sa grand'mère, pour marraine.

Elle mourut à Mézières, à l'âge de 17 ans, le 28 août 1769.

2° *Antoine-Marie-François*, né le 7 mai 1754, baptisé le 4 juillet ; il eut pour parrain M. Paris, et pour marraine Mlle de la Bodinière (la notice qui suit lui est consacrée).

3° *Marie-Catherine-Louise-Antoinette*, née le 22 décembre 1756. Parrain : le chevalier de Châtillon, directeur des fortifications et commandant en chef l'Ecole du Génie à Mézières (2) ; marraine : Madame de Châtillon. Elle mourut le 3 février 1757, à Saint-Laurent, près Mézières.

---

(1) *Marie-Charlotte*, dans son acte de décès.

(2) Il est l'auteur du *Mémoire sur les villes et citadelle de Mézières et Charleville*, écrit en 1751 et publié dans la *Revue historique des Ardennes*, année 1864.

4º *Louise-Catherine-Joseph*, née le 9 septembre 1758. Parrain : M. Collot, garde-marteau des eaux et forêts de Champagne, son cousin, représenté par M. de Fumeron fils ; marraine : Catherine Collot, sa tante. Morte le 22 novembre 1765.

III. — *Antoine-Marie-François de Taurines*, né à la citadelle de Mézières, le 7 mai 1754 (acte de baptême du 4 juillet), capitaine au régiment de Bresse.

Il entra au service à l'âge de 18 ans comme sous-lieutenant au régiment de Poitou, le 3 juillet 1772, puis devint successivement :

Sous-lieutenant de la Cie Colonelle au régiment de Bresse, le 12 juin 1776.

Lieutenant en second, le 28 février 1778.

Lieutenant en 1er, le 5 octobre 1782.

Capitaine en second, le 1er mai 1786.

Capitaine commandant, le 5 mars 1788.

En 1788, le régiment de Bresse, qui tenait garnison à Brest, passa à Toulouse, puis en 1789 à Montpellier. En cette même année, il changea de dénomination et devint le 26ᵉ régiment d'infanterie. Voici quelle était alors la composition de ses cadres :

Colonel : le comte de Rougé (1).

Lieutenant-colonel : M. de Vernon.

Major : M. de la Ferrière ; trésorier : M. Bertot ; cadets gentilshommes : MM. de Clossa et de Linières.

Capitaines

Commandants :	En second :
MM. de la Marthonie.	MM. de Mouret.
de Villavicencio.	de Musset.
Descrochets.	d'Esclaibes
de Bonnay.	de Reculot.
de Brody.	Ch^{er} d'Esclaibes.
de Montmejean.	Vte de Bectoz.
Ch^{er} de Bonneval.	Ch^{er} de Courcet.
de Harchies.	de Taizy.
Ch^{er} de Montault.	Bon de Barres.
de Taurines.	de la Faye.

(1) En 1787, le colonel était le comte de Brassac, et le mestre de camp en second le marquis d'Escouloubre.

Lieutenants

En premier :		En second :	
Girard.	de Briois.	Rolin.	de Bonne.
de la Boissière.	de Barberot.	d'Autay.	de Bousingen.
de la Croix.	de Barberot.	de Bezieux.	de Linage.
de Menou.	de Wailly.	d'Amerville.	de Lalance.
de la Billiais.		de Puitmorin.	

Sous-lieutenants : MM. Gervais, de Froidefond, d'Ecosse, Desportes, Dubreuil, de Sars, de Gaalon, de St-Léger, de Villèle, de Maubeuge, de Gavarret, de Réals, Périer, de Toquenet, d'Orcomte, Galard de Béarn, de Brassac, Gonnord et de Launay.

En 1791, le 26e régiment était en Corse et tenait garnison à Bastia. En cette année, M. de Taurines obtint pour cause de santé un congé illimité et reçut commission d'en profiter pour faire des recrues dans les Ardennes. Voici le texte de cette commission :

Nous, membres du Conseil d'administration du 26e régiment d'infanterie, assemblés aujourd'hui, avons délibéré, pour parvenir plus promptement à porter le régiment au complet, d'autoriser Monsieur de Taurines, capitaine, auquel la Cour a accordé un congé pour faire des recrues sur la demande du commandant du régiment, de partir le... pour aller en recrue à Charleville, Mézières, Sedan et Donchery, et dans l'arrondissement, en se conformant exactement aux règles établies par l'ordonnance du 20 juin 1788, le décret du 25 mars dernier concernant le recrutement, et notre instruction particulière. Et lui avons donné pour adjoint le sieur Savary, sergent-major.

Nous prions en conséquence messieurs les commandants desdites places, officiers municipaux, commandants de la maréchaussée, commissaires des guerres et autres qui les représentent, de vouloir bien lui accorder les facilités nécessaires pour le succès de sa mission.

Fait à Bastia le... (quantième et mois laissés en blanc) mil sept cent quatre-vingt-onze.

Signatures : La Marthonie, Brody, d'Esclaibes, le Cher d'Esclaibes et Descrochets.

En 1780, le 22 mai, Antoine-Marie-François de Taurines, alors lieutenant, avait épousé à Mézières demoiselle Marie-Jeanne Tisseron, âgée de 25 ans, fille de M. Jean-Pierre Tisseron, maire royal de Mézières et directeur des

postes de Mézières et Charleville, et de dame Marie-Jeanne-Catherine Ludinart (1), en présence : de M. André-Joseph Collot, avocat en Parlement, subdélégué de l'Intendance de Champagne au département de Mézières et trésorier de la guerre, cousin issu de germain du côté maternel du marié ; de Mᵉ Jacques Guillaume, avocat en Parlement, bailli du marquisat de Wartigny et du comté de Lonny, et notaire royal en cette, ville, cousin paternel de la mariée ; de Mᵉ Nicolas-Gaspard Cautionnart, prêtre curé d'Illy, cousin issu de germain du côté maternel de la mariée ; et de Messire Roland Ludinart, écuyer, seigneur de Vauzelles, avocat en Parlement, président-trésorier général des finances, grand-voyer en la généralité de Champagne.

En 1792, après la mort de son père, M. de Taurines dut, pour recueillir sa succession, se faire donner un acte de notoriété constatant qu'il était demeuré le seul héritier. Cet acte est signé par MM. Henri-Claude d'Ivory, « *décoré de la croix de Sᵗ-Louis* » ; Pierre-Louis Prudhomme et Jean-Joseph Desmarets, tous deux anciens maires de Mézières.

On peut remarquer dans cet acte, daté du 22 avril 1792, que les titres nobiliaires d'écuyer et de chevalier n'y sont plus en usage ; le titre même de *Chevalier de Sᵗ-Louis* y est remplacé par celui de *décoré de la croix de Sᵗ-Louis*. Du moins était-il encore licite de se prévaloir et de s'honorer de cette distinction ; quelques mois plus tard, après le 10 août, il fallut, sous peine de proscription et de mort, se cacher avec grand soin de l'avoir méritée.

En 1793, M. de Taurines fut arrêté comme suspect et incarcéré. Mais des démarches furent faites en sa faveur par les habitants de Vivier-Aucourt, où il résidait dans sa propriété depuis le congé qu'il avait obtenu en 1791. La municipalité de cette commune lui délivra le certificat suivant :

Nous, soussignés, maire et officiers municipaux et procureur de la commune et Conseil général composant la municipalité de Viviers-aux-Courts, certifions à tous qu'il appartiendra que le

(1) La seconde fille de Jean-Pierre Tisseron et de Catherine Ludinart, Marie-Madeleine-Antoinette, épousa à Mézières, en 1787, le 15 février, Charles-Nicolas-Marie Gailly, fils d'Adrien-Joseph Gailly et de Marie-Louise Dûeil, qui devint commissaire des guerres.

citoyen Antoine-Marie-François Taurines, natif de la ville de Mézières, est venu habiter sur son bien dans ladite commune de Viviers-aux-Court depuis quatres ans, dont il exploite une partie, et s'y est toujours comporté en bon citoyen, d'un patriotisme épuré et en homme d'honneur, et a toujours payé toutes ses impositions conformément aux loix.

Fait à la Chambre commune de Viviers-aux-Courts, ce vingt-trois septembre mil sept cent quatre-vingt-treize, l'an deuxième de la République française une et indivisible.

Signé : Remy, maire ; Colin, officier municipal ; Blanche-gorge, notable ; Deglaire, officier municipal ; Jean-Baptiste Colin ; Jean-Baptiste Nonnon, p^r de la commune ; Jean-Baptiste Richard, notable ; Rozoy, notable ; Jean Lerouge, notable.

M. de Taurines fut mis en liberté sur un ordre du représentant Massieu, en mission dans les Ardennes.

N'ayant pu reprendre de service dans l'armée à cause de son état de santé, il fut, par décret impérial du 11 messidor an XII, nommé percepteur des communes de Vivier-Aucourt (chef-lieu), Nouvion, Vrigne-Meuse, Issancourt, Lumes, Rumel et Gernelle (département des Ardennes). Il perdit sa femme, le 2 octobre 1807, à Vivier-Aucourt, et mourut lui-même à Charleville le 16 septembre 1835, à l'âge de 82 ans.

De son mariage avec Marie-Jeanne Tisseron, il avait eu cinq enfants qui suivent :

IV. — 1° *Louise-Catherine-Charlotte de Taurines*, née à la citadelle de Mézières le 18 septembre 1781, morte sans alliance à Charleville le 10 novembre 1864.

2° *Jean-Pierre de Taurines*, né à la citadelle de Mézières le 24 décembre 1783.

Il entra au service en 1804, en qualité de vélite dans la Garde impériale. Les vélites étaient des jeunes gens, fils d'officiers, qui étaient admis dans la garde à peu près sur le pied de ce qu'étaient dans les régiments sous l'ancien régime les cadets-gentilshommes. Ils payaient une pension de 400 fr. jusqu'à leur nomination au grade de sous-lieutenant.

Voici la lettre par laquelle Jean-Pierre de Taurines reçut avis de sa promotion :

Eylau, le 16 février 1807.

À Monsieur Taurine (Jean-Pierre), vélite de la Garde. Je vous préviens, Monsieur, que l'Empereur, par décret du 16 février 1807, vous a nommé sous-lieutenant dans le 27ᵉ régiment d'infanterie légère. Le colonel de ce régiment vous fera reconnaître en cette qualité.

Le Ministre de la guerre, prince de Neuchâtel. Signé : Mᵃˡ Berthier.

Il devint lieutenant le 17 août 1809.

Lieutenant en second au 1ᵉʳ régiment de grenadiers à pied de la Garde impériale, le 8 août 1813.

Lieutenant en 1ᵉʳ de la Vieille Garde, avec rang de capitaine, le 22 janvier 1814.

Passé au corps royal des grenadiers de France, le 1ᵉʳ juillet 1814.

Au 3ᵉ régiment de grenadiers de la Garde impériale, le 19 avril 1815.

Blessé mortellement à Waterloo, le 18 juin 1815.

Campagnes : Vendémiaire an XIV, 1805, 1806, 1807, à la Grande Armée (batailles d'Ulm, Austerlitz, Iéna, Eylau); — 1808, 1809, 1810, 1811, 1812 et 1813, Espagne, où il est blessé à Médina-Sidonia; — 1813, Saxe; — 1814, France; — 1815, Belgique (Waterloo).

Blessures : Amputé de l'index gauche par suite d'un coup de feu reçu à l'affaire de Médina-Sidonia, le 19 janvier 1811.

Distinctions : Chevalier de la Légion d'honneur, le 16 août 1813.

Atteint de trois blessures dans la défense des grenadiers de la Garde à Waterloo, il fut transporté à Bruxelles et soigné par un chirurgien militaire anglais du nom de Mac-Mahon. Voici le certificat d'identité donné par celui-ci :

I do hereby certify that Mʳ Capᵗ Taurine is wounded and under my charge in General Hospital. Brussels, June 27 ᵗʰ 1815. Signé : Mᶜ-Mahon (1).

Jean-Pierre de Taurines put, par la main d'une charitable femme qui, avec toute la population de Bruxelles,

---

(1) Je certifie par ces présentes que M. le capitaine Taurines est blessé et dans mon service à l'Hôpital général. Bruxelles, 27 juin 1815.

avait eu à cœur de donner ses soins aux malheureux blessés dont les convois allaient s'encombrant dans la ville, faire écrire cette lettre à son oncle, M. Tisseron, directeur des postes à Mézières :

Bruxelles, le 24 juin 1815. — Mon cher oncle, j'ai eu le malheur, à la dernière bataille, de recevoir trois blessures, l'une à la jambe gauche, laquelle est cassée, la deuxième à la main droite, fracassée, la troisième dans le côté... Je suis resté sans un sou et sans effets ; enfin ce n'est qu'au bon cœur des Anglais à qui je dois le peu d'existence que j'ai encore... (1). Voici mon adresse : A Bruxelles, à l'hôpital militaire des Anglais, chambre n° 16. Voulez-vous instruire mon père de la position où je me trouve. Je finis en vous embrassant de tout mon cœur. Taurines.

Il mourut peu après. Le nom de l'excellente femme qui avait eu la charité de prendre soin du blessé, de le recueillir, de le faire transporter à l'hôpital et de l'y visiter, est Mme Craber, bouchère, rue de la Fourche, n° 910. La rue de la Fourche existe encore à Bruxelles, mais on y cherche en vain le nom de Craber. Les numéros des maisons ont été modifiés, et le n° 910 n'existe plus.

3° *Charles-Gaspard de Taurines*, né à Mézières le 28 novembre 1785.

Entré au service comme vélite dans les grenadiers à pied de la Garde impériale, 8 juin 1806 ; sous-lieutenant au 70e régiment d'infanterie, 15 septembre 1810 ; lieutenant, 11 octobre 1812 ; adjudant-major, 15 janvier 1813 ; capitaine, 17 septembre 1813 ; capitaine à la légion départementale des Ardennes, 26 juin 1816 ; passé au 1er régiment d'infanterie, 1er janvier 1821 ; admis au traitement de réforme, 28 février 1827.

Campagnes : 1806 et 1807 à la Grande Armée ; 1808, Espagne ; 1809, armée d'Allemagne ; 1811 et 1812, Portugal ; 1813, Saxe ; 1814, blocus d'Erfurt ; 1815, Vendée ; 1823, 1824, 1825, 1826, Espagne.

(1) Ce témoignage concorde bien avec le passage suivant de Thiers (*Histoire du Consulat et de l'Empire*, tome XX, p. 251) : « Les Anglais, dit-il, il faut leur rendre cette justice, sans conserver dans cette guerre acharnée toute l'humanité que se doivent entre elles les nations civilisées, étaient les seuls qui respectassent les blessés. Ils avaient notamment relevé Cambronne, atteint des blessures les plus graves. »

Citation : Cité à l'ordre du jour de l'armée d'Espagne comme s'étant distingué particulièrement à l'affaire du 28 août 1823, devant Terragone (1).

Décorations : Chevalier de la Légion d'honneur, le 2 juillet 1823.

Chevalier de St-Louis, le 29 octobre 1826.

En quittant le champ de bataille d'Eylau, en 1807, il avait eu les pieds gelés. Le vicomte Maucomble, maréchal de camp, lui adressa en 1831 l'attestation suivante :

Je soussigné, maréchal de camp, commandant la subdivision de la Manche, certifie que M. de Taurines, officier en retraite à Charleville, département des Ardennes, a eu les jambes et les pieds gelés en Pologne, que cette circonstance a exigé son séjour pendant quatre mois à l'hôpital à Mowreslow en quittant le champ de bataille d'Eylau en 1807 ; certifie en outre que M. de Taurines, que j'ai parfaitement connu durant cette campagne, a servi avec une bravoure qui le faisait distinguer et le rend tout à fait digne de l'estime de ses compatriotes.

Saint-Lo (Manche), le 6 avril 1831 : Vte Maucomble.

Après avoir obtenu sa réforme pour infirmités contractées au service, Charles-Gaspard de Taurines épousa, le 4 janvier 1827, Marie-Charlotte-Joseph Tisseron, sa cousine. Il mourut sans enfants à Charleville le 15 juin 1849. Sa femme mourut dans la même ville, le 29 septembre 1881, dans sa 94e année.

4° *Jeanne-Joseph* (2) *de Taurines*, née à Mézières le 28 septembre 1788, morte à Charleville sans alliance le 22 avril 1868.

---

(1) Le capitaine de Taurines s'était aussi distingué, le 3 mai précédent, à l'affaire d'Olot. L'*Historique du 76me de ligne, ancien 1er léger*, par le commandant du Fresnel (Flammarion, éditeur, 1894, page 552), contient à ce sujet les renseignements suivants : « Le 3 mai 1823, en avant d'Olot, l'arrière-garde des Constitutionnels essaya de défendre l'entrée de la ville. Les Espagnols furent aussitôt attaqués par le capitaine de Taurines avec la 6me compagnie et les voltigeurs du 1er bataillon renforcés d'un peloton de chasseurs à cheval. L'élan de nos jeunes soldats fut tel que les Espagnols tournèrent les talons, après avoir tiré quelques coups de fusil et sans attendre le choc de nos baïonnettes. Ils évacuèrent Olot dans le plus grand désordre, en abandonnant entre nos mains leurs morts, leurs blessés et un assez grand nombre de prisonniers parmi lesquels un capitaine de miliciens. Le capitaine de Taurines fut nommé chevalier de la Légion d'honneur à la suite de cette affaire, dans laquelle le nouveau 1er léger venait de recevoir brillamment le baptême du feu. »

(2) Dans son acte de décès, elle est appelée : *Anne-Joseph.*

5° *Marie-Louise-Florence de Taurines*, née à Vivier-Au-court le 18 fructidor an IV (4 septembre 1796), mariée à Vivier le 3 mai 1815 à Auguste-Ponce-Charles-Alexandre Gailly (1), sous-lieutenant au 24.ᵉ régiment d'infanterie, chevalier de la Légion d'honneur, fils de Jean-Louis-Philippe Gailly, maître de forges, à la Grande-Commune (Monthermé) et de Marie-Thérèse Grimblot.

Il avait été fait chevalier de la Légion d'honneur à l'âge de 22 ans, le 19 novembre 1813, après la bataille d'Hanau (30 octobre). Il mourut à Charleville, le 29 décembre 1868.

(1) Son frère, Adrien-François-Louis Gailly, capitaine d'artillerie, chevalier de Saint-Louis, mourut à Madagascar, durant l'expédition de 1829, dont il commandait l'artillerie. Voir *Revue des Deux Mondes*, du 15 septembre 1895 : *L'expédition de Madagascar en 1829*, par Ch. Gailly de Taurines.

La famille Gailly était originaire de Bruxelles, où un de ses membres, Henri-Joseph Gailly, exerçait, au commencement du xviiiᵉ siècle, les fonctions de receveur des droits de S. M. Impériale et Catholique. C'est le fils de celui-ci, Philippe-Joseph, qui vint s'établir à Charleville en 1746. Il y obtint l'office de greffier du bailliage de la principauté d'Arches et Charleville et de la maîtrise des eaux et forêts, et fut, bien qu'étranger, dispensé d'obtenir pour cela des lettres de naturalité. Il fut considéré comme regnicole par le fait que les troupes françaises occupaient alors Bruxelles (c'était l'année d'après Fontenoy). V. *Inventaire des archives historiques de la ville de Charleville*, par P. Laurent, p. 175.